Eu, _____ , dedico este livro
a _____ .

QUE VOCÊ SEJA ALEGRE,
mesmo quando vier a chorar.

QUE VOCÊ SEJA SEMPRE JOVEM,
mesmo quando o tempo passar.

QUE VOCÊ TENHA ESPERANÇA,
mesmo quando o sol não nascer.

QUE VOCÊ AME SEUS ÍNTIMOS,
mesmo quando sofrer frustrações.

QUE VOCÊ JAMAIS DEIXE DE SONHAR,
mesmo quando vier a fracassar.

ISSO É SER FELIZ.
Que através deste livro você garimpe ouro
dentro de si mesmo.

E SEJA SEMPRE APAIXONADO PELA VIDA.

E descubra que você é u[m]
SER HUMANO ESPECIA[L]

Copyright © 2007 por Augusto Jorge Cury

Todos os direitos reservados. Nenhuma parte deste livro pode ser utilizada ou reproduzida sob quaisquer meios existentes sem autorização por escrito dos editores.

PREPARO DE ORIGINAIS: Regina da Veiga Pereira
REVISÃO: Ana Grillo, Luis Américo Costa, Rita Godoy e Sérgio Bellinello Soares
PROJETO GRÁFICO, DIAGRAMAÇÃO E CAPA: Estúdio Bogotá
ILUSTRAÇÕES: Letícia Naves
IMPRESSÃO E ACABAMENTO: Bartira Gráfica e Editora Ltda.

CIP-BRASIL. CATALOGAÇÃO NA PUBLICAÇÃO
SINDICATO NACIONAL DOS EDITORES DE LIVROS, RJ

C988d
    Cury, Augusto, 1958–
      Dez leis para ser feliz / Augusto Cury ; [ilustração Letícia Naves]. - 1. ed. - Rio de Janeiro : Sextante, 2021.
      144 p. : il. ; 18 cm.

      ISBN 978-65-5564-111-0
      1. Felicidade. 2. Autorrealização (Psicologia). 3. Qualidade de vida. I. Naves, Letícia. II. Título.

20-66904   CDD: 158.1
                                                                    CDU: 159.942

Camila Donis Hartmann - Bibliotecária - CRB-7/6472

Todos os direitos reservados, no Brasil, por
GMT Editores Ltda.
Rua Voluntários da Pátria, 45 - 14.º andar – Botafogo
22270-000 – Rio de Janeiro – RJ
Tel.: (21) 2538-4100
E-mail: atendimento@sextante.com.br
www.sextante.com.br

AUGUSTO CURY

DEZ LEIS PARA SER FELIZ

Ferramentas para se
apaixonar pela vida

SEXTANTE

SUMÁRIO

	Prefácio	6
	O que é ser feliz?	11
	Alvos errados para se alcançar uma vida feliz	14
	O padrão de qualidade de vida	21
1ª LEI	Contemplar o belo	36
2ª LEI	Sono reparador	46
3ª LEI	Fazer coisas fora da agenda	56
4ª LEI	Exercícios físicos e alimentação saudável	62
5ª LEI	Gerenciar a emoção	70
6ª LEI	Gerenciar os pensamentos	86
7ª LEI	Proteger os solos da memória	100
8ª LEI	Trabalhar perdas e frustrações	114
9ª LEI	Ser empreendedor	120
10ª LEI	Inteligência espiritual	126
	Considerações finais	134

Prefácio

A vida humana é o maior mistério da existência. Só não se encanta com ela quem nunca a explorou.

Se compararmos nossa personalidade com uma grande casa, veremos que a maioria de nós não conhece nem mesmo a sala de visitas do próprio ser. Até onde você se conhece?

Apesar da grandeza da vida, as pessoas não cuidam dela com carinho. Algumas só procuram mudar seu modo de viver quando sofrem um enfarte. Outras só pensam em ampliar seus conhecimentos quando já estão profissionalmente superadas.

Muitos adultos só detectam que são infelizes e ansiosos quando perdem aqueles que mais amam. Só percebem que são frustrados quando olham para trás e veem seus mais belos sonhos da juventude destruídos.

Dos miseráveis aos abastados, dos incultos aos intelectuais, todos querem ser felizes. Mas, para alguns, isso é apenas uma miragem. Muito se fala, mas pouco se sabe sobre a felicidade e as formas de alcançá-la.

Não existe uma fórmula mágica para ser feliz. Muitos conceitos devem ser reformulados quando se fala de felicidade. Embora sofra influências da genética e do ambiente, ela depende mais de um treinamento psicológico. O problema é que muitas vezes as pessoas não se importam com isso – elas se aperfeiçoam em dirigir carros, operar máquinas e administrar empresas, mas não se permitem controlar o teatro de suas mentes.

Por tudo isso, este livro não é um manual com soluções milagrosas, mas contém um conjunto de princípios que, se forem vivenciados, trabalhados e absorvidos, podem implementar uma mudança expressiva no seu estilo de vida.

Com mais de um milhão e quatrocentos mil exemplares vendidos no Brasil, *Dez leis para ser feliz* é fruto de mais de 20 anos de pesquisa nas áreas da psicologia, da educação e da psiquiatria. Através das mensagens que venho recebendo dos leitores, é gratificante saber que este livro ajudou tanta gente a encontrar seu rumo e a corrigir o curso de sua vida. Espero que esta edição especial ajude um número ainda maior de pessoas a encontrar a felicidade que tanto deseja.

Embarque nesta grande aventura e descubra as maravilhosas oportunidades que a vida nos dá. As dez leis que apresento aqui oferecem ferramentas valiosas para você explorar seu próprio ser... mas a decisão de usá-las é sua. Não perca esta chance. Boa viagem!

Dr. Augusto Cury

O que é ser feliz?

A vida é uma grande
universidade, mas pouco
ensina a quem não
sabe ser um aluno...

Ser feliz não é ter uma vida isenta de
perdas e frustrações. É ser alegre, mesmo
se vier a chorar. É viver intensamente,
mesmo no leito de um hospital. É
nunca deixar de sonhar, mesmo se tiver
pesadelos. É dialogar consigo mesmo,
ainda que a solidão o cerque.

É ser sempre jovem, mesmo se os cabelos embranquecerem. É contar histórias para os filhos, mesmo se o tempo for escasso. É amar os pais, mesmo se eles não o compreenderem. É agradecer muito, mesmo se as coisas derem errado. É transformar os erros em lições de vida.

Ser feliz é sentir o sabor da água, a brisa no rosto, o cheiro de terra molhada. É extrair das pequenas coisas grandes emoções. É encontrar todos os dias motivos para sorrir, mesmo se não houver grandes acontecimentos.

É rir das próprias tolices.

É não desistir de quem se ama, mesmo se houver decepções. É ter amigos para repartir as lágrimas e dividir as alegrias. É ser um amigo do dia e um amante do sono. É agradecer a Deus pelo espetáculo da vida... Quais dessas características você possui?

Quem conquista uma vida feliz? Será que são as pessoas mais ricas do mundo, os políticos mais poderosos e os intelectuais mais brilhantes?

Não! São os que alcançam qualidade de vida no palco da própria alma. Os que se libertam do cárcere do medo. Os que superam a ansiedade, vencem o mau humor, transcendem os seus traumas. São os que aprendem a velejar nas águas da emoção. Você sabe velejar nessas águas ou vive afundando?

Alvos errados para se alcançar uma vida feliz

Os nossos maiores problemas não estão nos obstáculos do caminho, mas na escolha da direção errada...

O DINHEIRO E A FELICIDADE

O dinheiro pode nos dar conforto e segurança, mas não compra uma vida feliz. O dinheiro compra a cama, mas não o descanso. Compra bajuladores, mas não amigos. Compra presentes para uma pessoa, mas não seu amor. Compra a entrada da festa, mas não a alegria. Paga a mensalidade da escola, mas não produz a arte de pensar.

Você precisa conquistar aquilo que o dinheiro não compra. Caso contrário, será um miserável, ainda que seja um milionário.

A FAMA E A FELICIDADE

O sucesso no trabalho, na escola, na realização das metas é fundamental para a qualidade de vida. Mas a fama que acompanha o sucesso não produz a felicidade! A fama produz os aplausos, mas não a alegria. Produz o assédio, mas não elimina a solidão.

A fama pode se tornar uma armadilha para uma vida feliz, pois evapora a simplicidade, esmaga a sensibilidade, invade a privacidade. Há muitos famosos tristes e deprimidos. Lute pelo sucesso e não pela fama. Se a fama vier, dê pouca importância a ela.

A CULTURA ACADÊMICA E A FELICIDADE

A cultura acadêmica nutre a inteligência, mas não é o alicerce de uma vida feliz. O aluno sai da escola conhecendo o mundo exterior, mas desconhecendo o anfiteatro da própria mente.

Ele sabe discursar sobre o mundo físico, mas não sabe falar de si mesmo. É um gigante na ciência, mas um frágil menino diante de seus desafios e perdas. O mundo acadêmico está em crise. Ele dá diplomas, mas não prepara os jovens para a escola da vida. Você está preparado apenas para as vitórias ou também para as derrotas?

O PODER E
A FELICIDADE

O homem sempre amou o poder, mas o poder não produz uma vida feliz. Uma pessoa pode dirigir uma nação ou uma grande empresa com habilidade, mas pode não ter nenhuma competência para governar a própria emoção.

Hitler queria dominar o mundo porque nunca dominou o próprio mundo. Mesmo quem conquista o poder político pela via democrática pode ser um péssimo líder de si mesmo. O seu maior desafio na vida não é liderar a Terra, mas o próprio ser.

O TRABALHO E A FELICIDADE

Trabalhar com alegria, dedicação e criatividade é um bálsamo para a vida. Porém, devemos trabalhar para viver e não viver para trabalhar. Algumas pessoas são *workaholics*, viciadas em trabalhar. Sonham, almoçam e respiram trabalho.

Elas têm tempo para tudo, menos para si mesmas. Não admitem a falência da empresa, mas pouco se importam com a falência de suas vidas. Livre-se de ser um viciado em trabalho! A não ser que você queira ser o mais competente do cemitério!

A SEGURANÇA E A FELICIDADE

Muitos fazem seguro da casa e do carro. Eles se protegem contra assaltos e acidentes, mas se esquecem de proteger sua emoção contra o estresse e os problemas da vida. Que contraste! Por isso, qualquer coisa assalta-lhes a tranquilidade... Você percebe quanto seus problemas roubam sua alegria e sua paciência?

Sem proteger a emoção, alcançar uma vida feliz é uma ilusão. Como fazer isso? Espere, vou ajudá-lo! Antes disso, vamos fazer um mapeamento da qualidade de vida.

O padrão de qualidade de vida

Quem é exigente com a qualidade dos produtos, mas não com a própria qualidade de vida, trai a sua felicidade...

Nas próximas páginas comentarei a listagem de sintomas psíquicos e psicossomáticos que uso nas minhas pesquisas e que comprometem a qualidade de vida.

SINTOMAS PSÍQUICOS

- [ ] cansaço exagerado
- [ ] pensamento acelerado
- [ ] insônia
- [ ] excesso de sono
- [ ] esquecimento
- [ ] desmotivação, desânimo
- [ ] diminuição do prazer sexual
- [ ] baixa autoestima
- [ ] medo
- [ ] perda do prazer de viver

- [ ] tristeza ou humor deprimido
- [ ] falta de concentração
- [ ] sofrimento por antecipação
- [ ] angústia (ansiedade + aperto no peito)
- [ ] agressividade
- [ ] sentimento de culpa
- [ ] solidão
- [ ] ideia de desistir da vida

SINTOMAS PSICOSSOMÁTICOS

- [ ] dor de cabeça

- [ ] falta de ar

- [ ] tontura

- [ ] taquicardia

- [ ] nó na garganta

- [ ] aperto no peito

- [ ] dores musculares

- [ ] prurido (coceira)

- [ ] gastrite

- [ ] hipertensão quando está tenso

- [ ] diarreia quando está tenso
- [ ] aumento do apetite
- [ ] diminuição do apetite
- [ ] excesso de suor
- [ ] choro ou vontade de chorar
- [ ] mãos frias e úmidas
- [ ] queda de cabelo
- [ ] nenhum

Se você apresenta diversos sintomas, não se desespere. Você pode superar seus conflitos e se tornar mais rico e experiente. O padrão de classificação da qualidade de vida é flexível. Ele depende do tipo, da quantidade e da frequência dos sintomas.

Alguns sintomas são mais graves e por isso desencadeiam vários outros. Por exemplo, a insônia produz fadiga excessiva, pensamento acelerado, irritabilidade. Procure cuidar da sua qualidade de vida, você merece.

Faça de sua vida uma linda história de amor e não de terror.

Em minhas conferências, inclusive internacionais, sobre o funcionamento da mente e a qualidade de vida, costumo fazer um teste com os ouvintes. Peço a eles que levantem as mãos assim que eu citar algum sintoma que eles tenham.

Todos ficam surpresos ao ver o sobe e desce das mãos do público. Isso inclui psicólogos, médicos, diretores de escola, professores. O normal é estar afetado e o anormal é ter uma vida excelente. Num mundo doente, a meta é sermos "anormais".

Fique atento!

Uma pesquisa que realizei sobre a qualidade de vida da população da cidade de São Paulo mostrou números chocantes: 37,8% das pessoas estão ansiosas (mais de quatro milhões), 37,4% apresentam déficit de memória ou esquecimento, 30,5% sentem fadiga excessiva, 29,9% se queixam de dores musculares e 29,1% têm dor de cabeça.

Além disso, dois milhões de pessoas, incluindo jovens e adultos, têm insônia, fazem uma guerra na própria cama. Qual guerra? A guerra de pensamentos.

Cuidado! Nem os generais vencem essa batalha.

Há um dado da pesquisa que me deixou preocupadíssimo e talvez deixe você também. Mais de dois milhões de pessoas (22%) estão com péssima qualidade de vida, apresentam dez ou mais sintomas. Isso é muito grave. Todos nós devemos melhorar nossa qualidade de vida para sermos felizes.

A população de São Paulo, que é uma das maiores cidades do planeta, está coletivamente estressada. Todavia, se realizarmos a mesma pesquisa em Nova York, Londres, Paris, Tóquio e em outras grandes e médias cidades do mundo, creio que encontraremos dados semelhantes.

PARADOXOS DO MUNDO MODERNO

Nunca tivemos um avanço tão grande na tecnologia, mas o homem nunca experimentou tantos transtornos psíquicos. Nunca tivemos tantos meios para nos propiciar conforto – os veículos, o telefone, a geladeira –, mas o homem nunca se sentiu tão desconfortável em sua mente. Nunca tivemos tantos meios para nos dar prazer – a TV, a internet, o cinema –, mas o homem nunca foi tão triste.

A sociedade moderna se tornou uma fábrica de estresse. E você vive nesse mundo maluco!

O que fazer?

Mudar de planeta não é possível!
Viver como ermitão isolado do mundo
também não adiantará, pois levaremos
nossos problemas aonde formos.
Refugiar-se no álcool e nas drogas,
como muitos jovens fazem, só expande
a miséria e destrói a vida. Se esconder,
como muitos adultos, atrás da conta
bancária e do status social e fingir
que nada está acontecendo é fugir da
realidade.

Vivemos num mundo complicado.
Mas não tente fugir dele. É nele que
devemos nos realizar, ser felizes e
saudáveis. A luz só é bela quando
acesa na escuridão. Vejamos.

Digamos que uma pessoa dormia mal porque morava num porão escuro. Ela sonhava em colocar uma lâmpada no ambiente. Depois de muito trabalhar, contratou um eletricista e colocou a tão desejada lâmpada. Antes de acendê-la, pensou: "Agora finalmente vou dormir tranquila." Ao acendê-la, uma surpresa. Perdeu o sono. Por quê?

Porque a luz expôs a realidade que ela não via: sujeira, insetos, aranhas. Só descansou depois de uma bela faxina. Infelizmente alguns preferem o escuro!

Tenha coragem para acender a luz no seu porão e fazer uma faxina na sua vida.

Essa história ilustra o que descobriremos ao longo deste livro: não somos tão saudáveis quanto pensamos. A luz vai brilhar. Talvez haja algum desconforto inicial ao depararmos com nossa realidade. Mas nos alegraremos em usar as dez leis da psicologia para conquistarmos uma vida feliz.

Com elas podemos encontrar alegria na dor, esperança na tempestade, segurança nas tormentas. Podemos aprender a cantarolar, brincar, viver a vida com paixão e prazer. Antes de estudá-las, deixe-me dar um recado.

Não há milagre para transformar a personalidade, mas treino. Cada lei só será útil se sair das páginas impressas deste livro e for inscrita nas páginas do seu coração. Leia-as e releia-as. Elas não anulam a necessidade de um tratamento, quando este for necessário. Mas sua prática previne transtornos psíquicos e contribui para sua resolução.

Porém, o maior objetivo das leis não é tratar de doenças, mas abrir as janelas da sua inteligência. Que janelas?

As janelas que arejam seu potencial intelectual e sua capacidade de amar a vida e tudo que a promove.

1ª LEI

CONTEMPLAR
O BELO

É nas coisas simples
e anônimas que se
encontram os maiores
tesouros da emoção...

Contemplar o belo é fazer das pequenas coisas um espetáculo aos nossos olhos. É dialogar com os amigos, elogiar as pessoas, amar os desafios da vida. É admirar as crianças, ouvir as histórias dos idosos.

É descobrir as coisas lindas e ocultas que nos rodeiam. É admirar as nuvens, o canto dos pássaros, o baile das folhas ao som da orquestra do vento. É perceber além das imagens e das palavras. Creio que menos de 10% das pessoas sabem contemplar o belo. Quem despreza essa lei tem uma alegria fugaz, uma emoção superficial.

O PRAZER DE VIVER

Se sua história se transformou numa rotina repleta de tédio, se lhe falta prazer, sabor e encanto pela vida, é porque você não tem contemplado o belo. Desperte! Se não usar essa ferramenta, você poderá ter sucesso profissional, financeiro e social, mas mendigará o pão da alegria. Será infeliz.

O mestre da emoção, Jesus Cristo, parava a multidão que o seguia para fazer dos lírios um show aos seus olhos. Foi feliz na terra de infelizes, pois vivia a arte da contemplação do belo.

BOM HUMOR

Se você contemplar o belo, será bem-humorado. As pessoas terão prazer de ficar ao seu lado. Mas, se não contemplar, viverá debaixo da ditadura do mau humor e do negativismo. Nem você mesmo se suportará.

Diversas doenças autoimunes, cardíacas, bem como alguns tipos de câncer, são desencadeadas pelos transtornos emocionais, em especial pelo mau humor. Uma pessoa otimista vive melhor e por mais tempo. Contemple o belo para ser bem-humorado.

Ser uma pessoa negativa não resolve os problemas e ainda pode abreviar seus dias...

REJUVENESCIMENTO DA EMOÇÃO

Se você contemplar o belo, será sempre jovem, ainda que o tempo sulque seu rosto com rugas. Se não contemplar, você poderá fazer cirurgia plástica ou outros procedimentos estéticos, mas envelhecerá no único lugar em que é proibido envelhecer: o território da emoção.

Reclamar é um dos sintomas da velhice emocional.

Muitos jovens são emocionalmente velhos. Eles reclamam do corpo, da roupa, da comida, de levantar pela manhã, de estudar, de que não há nada para fazer. São infelizes porque não sabem agradecer nem fazer muito do pouco.

Abra os olhos!

AUTOESTIMA

Quem observa a lei de contemplar o belo tem elevada autoestima, está sempre bem consigo mesmo. Mas eis que a psicologia constata algo trágico: a baixa autoestima se tornou uma síndrome epidêmica. Observe a constante guerra das mulheres com o espelho. Em vez de contemplar seus aspectos positivos, elas são especialistas em enxergar os próprios defeitos.

Atendi muitas mulheres que se queixam com o marido sobre as áreas do próprio corpo que detestam. A baixa autoestima delas sufoca o amor deles.

Por quê?

Porque todas as reclamações delas registram-se na memória deles. E, como estudaremos, esse registro não pode ser apagado, só reescrito. Com o tempo, o marido começa a supervalorizar os defeitos de que elas reclamam. Isso sufoca o interesse e o amor.

As mulheres também se afligem diante das revistas que destacam o corpo e não a inteligência feminina. Em vez de se sentirem belas, elas comparam seu corpo com o das modelos e se martirizam. Cuidado! Tudo de que você reclama se torna um veneno para sua autoestima.

DICAS PARA CONTEMPLAR O BELO

Todas as pessoas devem se sentir bonitas. Não seja escravo do padrão de beleza da mídia. Diga diariamente: eu sou bonito(a)! Pois o feio e o belo são relativos. A beleza está nos olhos de quem a contempla...

Contemplar o belo é colocar combustível na felicidade. Cuide de plantas. Escreva poesias. Role no tapete com as crianças. Valorize as coisas que parecem insignificantes. Mande mensagens para os amigos. Descubra seus filhos. Explore o mundo dos seus pais. Fique dez minutos por dia em silêncio contemplativo. Falar da felicidade sem contemplar o belo é cair no vazio.

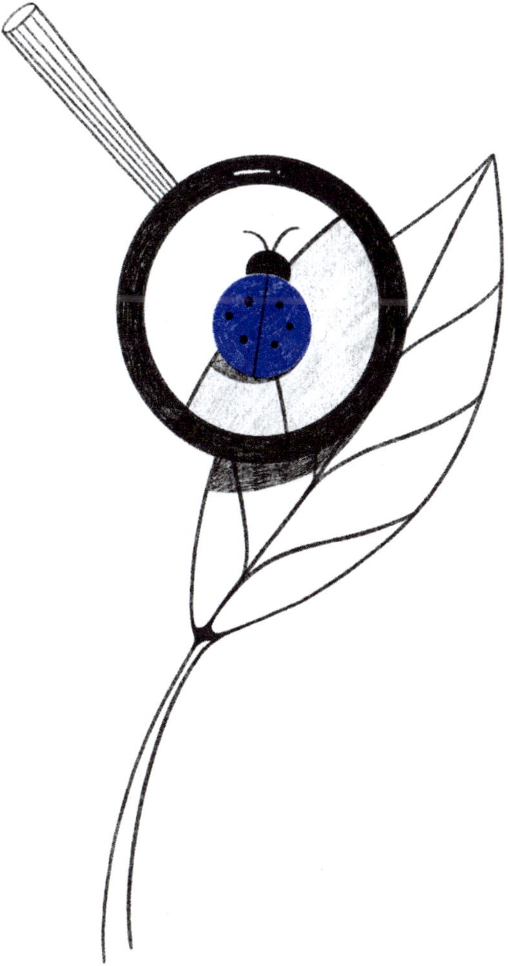

2ª LEI

SONO REPARADOR

Os inimigos que não perdoamos dormirão em nossa cama e perturbarão o nosso sono...

O sono reparador é o sono que renova a energia física e a psíquica. É o sono profundo, relaxado, agradável. É o sono que alimenta a tranquilidade e estimula a inteligência. Uma vida feliz começa com um sono feliz.

Quem tem um sono reparador pode melhorar em até 50% seu rendimento intelectual: criatividade, sutileza, assimilação de informações, atenção. Muitos acidentes e decisões erradas ocorrem pela falta desse sono. Faça as pazes com sua cama. Se você desprezar seu sono, estará destruindo o reator da vida.

CONSUMINDO ENERGIA CEREBRAL ALÉM DOS LIMITES

Certo dia uma pessoa comentou num elevador que vivia querendo dormir durante o dia e não entendia o motivo. Pedi licença e perguntei se ela tinha insônia. Ela disse que não. Questionei se ela conseguia aquietar a sua mente. Ela comentou que os pensamentos borbulhavam na sua cabeça. Aí está a causa, eu disse.

A mente agitada rouba energia do cérebro. Mesmo dormindo, as pessoas não descansam. Se você tiver um trabalho intelectual excessivo, seu sono não conseguirá repor a energia gasta.

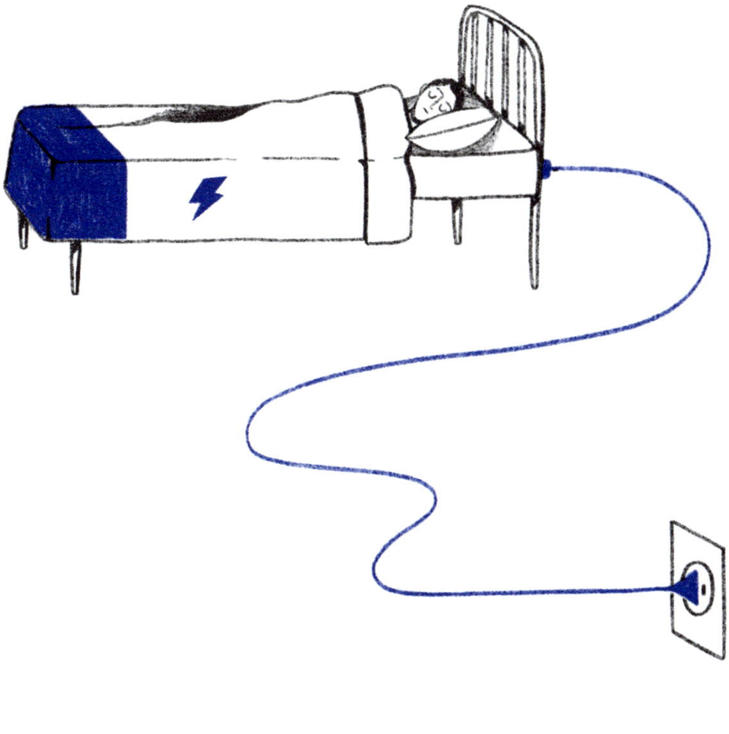

O SONO E A SAÚDE

Você pode brigar com o mundo, mas nunca com seu sono. Sem o sono reparador, o corpo e a emoção ficam drasticamente debilitados. É impossível ser saudável sem dormir bem. As doenças psíquicas são frequentemente desencadeadas ou intensificadas quando a insônia golpeia a mente.

Dependendo da qualidade do seu sono, você será uma pessoa agradável, tolerável ou insuportável. Se você anda explosivo ou impulsivo, reflita sobre como tem dormido. As pessoas insones irritam-se até com a própria sombra.

UM ALERTA PARA OS ADULTOS: A INSÔNIA BLOQUEIA A INTELIGÊNCIA

A insônia destrói a serenidade. Ela gera crises ansiosas que bloqueiam a memória e leva o ser humano a reagir sem pensar, por instinto, como um animal.

As maiores violências humanas foram cometidas nos primeiros trinta segundos das crises de ansiedade. Os nossos maiores erros também ocorreram nesse período. Bastam poucos segundos para ferirmos seriamente as pessoas. Sabe qual é a melhor resposta que você deve dar quando estiver tenso? O silêncio.

UM ALERTA PARA OS JOVENS: A INTERNET DESTRÓI O SONO

Milhões de jovens estão destruindo os melhores anos de suas vidas por serem viciados em internet. Eles estão dormindo pouco. Alguns jovens estão desenvolvendo transtornos psíquicos e tentando o suicídio.

No futuro, eles pagarão caro a conta pelas noites maldormidas. É possível que se tornem pessoas inseguras, irritadas, mal-humoradas, sem meta, sem garra. Naveguem, mas não afundem. Não durmam menos que oito horas.

NÃO LEVE SEUS INIMIGOS PARA A CAMA

Pense nisso! Nem todo sono é reparador. Levar os problemas do trabalho para a sua cama é trair a sua paz. E levar seus inimigos para debaixo do lençol é pior ainda. Sai mais barato perdoá-los, mesmo que eles não mereçam. Faça isso por você.

Muitos não precisam assistir a filmes de terror para se assustar. Quando se deitam, pensam em tantos problemas que já vivem um teatro de pavor. Na psiquiatria, o perdão é a energia dos fortes, e a mágoa, a dos fracos. Você é forte ou fraco?

DICAS PARA DORMIR BEM

O sono começa durante o dia. Não carregue o mundo nas costas. Filtre os problemas. Trabalhe com alegria. Faça leituras agradáveis. Faça a última refeição do dia mais de uma hora antes de se deitar. Desligue a TV ou qualquer aparelho eletrônico meia hora antes de dormir.

O que fazer quando há insônia? Procure relaxar. Se não conseguir, levante-se, pois a insônia rebelde odeia a cama. Leia algo maçante, serve até bula de remédio. Depois relaxe e vá para a cama. Se a insônia persistir por alguns dias, procure um médico.

A insônia leva a qualidade de vida ao caos.

3ª LEI

FAZER COISAS FORA DA AGENDA

Todos têm uma criança alegre dentro de si, mas poucos a deixam viver...

Fazer coisas fora da agenda é fazer coisas inesperadas, romper a rotina, quebrar a mesmice. É nutrir sua história com aventura. É ser um caminhante nas trajetórias do próprio ser. É gastar tempo com aquilo que lhe dá lucro emocional e não financeiro. É ter um caso de amor com a vida.

Fazer coisas fora da agenda é o frescor de uma vida excelente. Se desprezar essa lei psicológica, você se internará num "asilo" emocional. Infelizmente, muitos já vivem nesse albergue.

MANIAS

Uma pessoa que não faz coisas fora da agenda é cheia de manias. Nada pode estar fora do lugar. Tem horário pra tudo. Arruma os objetos sobre a mesa do mesmo jeito. Passa as férias no mesmo lugar. Tem mania de limpeza.

Cumprimenta todo mundo do mesmo modo. Segue a mesma rotina na empresa. Não corre riscos. Não vai a restaurantes diferentes. Não faz novas amizades. É excessivamente previsível. E ainda por cima detesta ser corrigido. Liberte-se das suas manias. Seja flexível e alegre.

Saia da rotina de vez em quando.

O FIM DO DIÁLOGO

Quem não faz coisas fora da agenda dificilmente aprecia a arte do diálogo. Por quê? Porque o diálogo é mágico, cruza nossos mundos, abala nossa falsa segurança, destrói nossa rigidez e nos faz chorar, sorrir, ver os nossos defeitos.

Mas o diálogo está morrendo. Pais e filhos dividem a mesma casa, mas não a mesma história. Namorados nem sempre vivem os mesmos sonhos. Os jovens raramente rasgam o próprio coração e falam de seus sentimentos. Estão vazios. Só falam de sexo, esporte e séries. Nunca o homem se escondeu tanto dentro de si mesmo.

DICAS PARA FAZER COISAS FORA DA AGENDA

Faça coisas que você normalmente não faz. Surpreenda seus amigos com atos inusitados. Ande por ares nunca antes respirados. Passe um fim de semana em lugares novos.

Dê flores em datas inesperadas às pessoas que você ama. Faça ligações para elas no meio da tarde e pergunte como você poderia torná-las mais felizes. Fazer coisas fora da agenda é libertar a criança feliz que há dentro de você. Os que não vivem essa lei dançam a valsa da vida com as duas pernas engessadas...

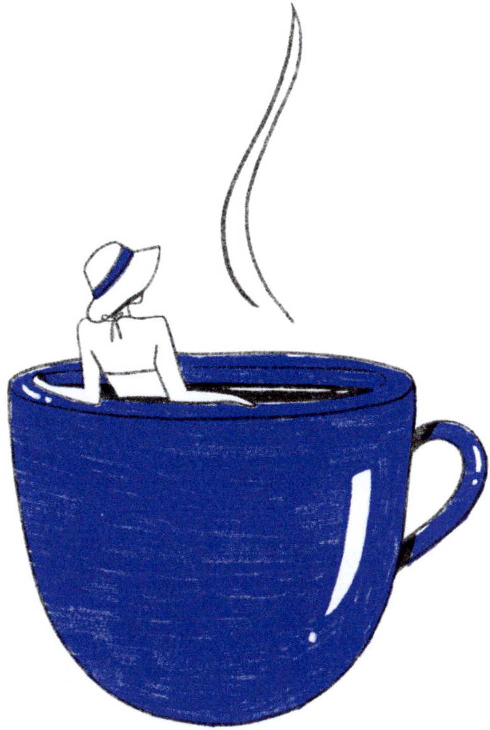

4ª LEI

EXERCÍCIOS FÍSICOS E ALIMENTAÇÃO SAUDÁVEL

Todos fecham os olhos quando morrem, mas nem todos enxergam quando estão vivos...

Fazer exercícios físicos regulares estimula o metabolismo. Melhora a irrigação sanguínea. Renova a energia cerebral. Retarda o envelhecimento físico e mental. Se você está intolerante e impaciente, se deseja fazer tudo "pra ontem", é melhor dar uma atenção especial aos exercícios físicos. Por quê?

Porque os exercícios físicos liberam um excelente calmante natural, a endorfina. Ela relaxa, tranquiliza e induz o sono. Eis uma excelente notícia para quem não quer tomar calmantes ou quer se livrar deles!

Se alimentar bem é um bálsamo para uma vida excelente. Pobres das modelos que vivem debaixo da ditadura da restrição alimentar para manter um padrão doentio de beleza.

Infelizmente, muitas pessoas, na sua maioria jovens, estão vivendo sob essa ditadura. Algumas estão desenvolvendo anorexia nervosa. Elas ficam pele e osso, mas acham que estão obesas devido a uma imagem distorcida no inconsciente. Felizmente, como comentarei, é possível reeditar o filme do inconsciente e ser livre. Nunca seja um escravo dos padrões que plantaram em você.

Toda vez que visito um país, aprecio conhecer a cultura do seu povo. Gosto de ir aos mercados, ver as pessoas felizes, se alimentando e vivendo intensamente. Só os doentes perdem o apetite.

Devemos cuidar da alimentação, mas não nos privar do prazer que a comida proporciona.

Procure fazer uma dieta saudável, à base de frutas e verduras e sem exagerar na proteína animal. Dê preferência à carne branca e em especial aos peixes. Não se esqueça de que muitos fazem uma dieta física radical, mas têm uma péssima dieta emocional. "Engolem" todo tipo de problema sem digeri-lo, ficando com o corpo em dia e a alma doentia.

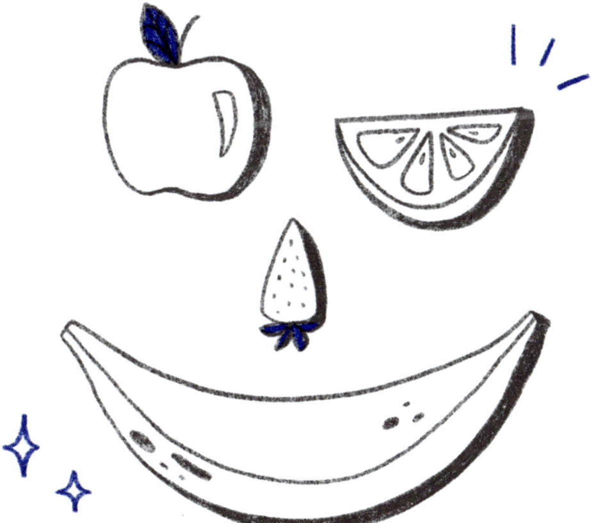

DICAS SOBRE EXERCÍCIOS FÍSICOS

Não faça exercícios pesados de modo irregular, pois eles estressam o cérebro e o levam a interpretar que sua vida está em perigo, o que gera desconforto.

Os exercícios físicos devem ser feitos com disciplina e regularidade, pelo menos três vezes por semana. Eles devem namorar o prazer e não o sofrimento – caso contrário, você se divorciará deles. Pratique esportes, hidroginástica, caminhadas.

Os exercícios físicos oxigenam o corpo e animam o intelecto.

5ª LEI

GERENCIAR A EMOÇÃO

O maior carrasco do homem é ele mesmo, e o mais injusto dos homens é aquele que não reconhece isso...

Gerenciar a emoção é capacitar o eu, que representa a vontade consciente, para administrar a energia emocional da dor. É expandir a energia do amor, da satisfação, da paz interior. É destruir as algemas da ansiedade, do medo, da insegurança. É libertar-se do cárcere da emoção.

Gerenciar a emoção é o alicerce de uma vida encantadora. É construir dias felizes, mesmo nos períodos de tristeza. É resgatar o sentido da vida, mesmo nas contrariedades. Não há dois senhores: ou você domina a energia emocional, ainda que parcialmente, ou ela o dominará.

POR QUE GERENCIAR A EMOÇÃO?

Gerenciar a emoção é a ferramenta básica da inteligência multifocal (uma das poucas teorias científicas sobre o funcionamento da mente, criada por mim). É ela que desenvolve a inteligência emocional. Parece que eu tenho sido uma das poucas vozes na ciência a falar sobre o gerenciamento da emoção. Os pensadores, tais como Freud, Jung, Rogers, não estudaram esse assunto, mas ele é vital para a saúde psíquica.

Ninguém comenta que o eu deve governar, proteger, direcionar a emoção. Por não saber que podem e devem gerenciar a emoção, milhões de pessoas têm vivido numa masmorra psíquica.

A DRAMÁTICA FALHA DA EDUCAÇÃO

Os jovens deveriam ser ensinados a avaliar e filtrar suas emoções, mas nosso modelo de educação desconhece a lei do gerenciamento de emoções. A falha não está nos professores, mas no sistema.

A educação ensina os jovens a resolver problemas de matemática, mas não seus problemas existenciais. Ensina-os a enfrentar as provas escolares, mas não as provas da vida: as rejeições, as angústias, as dificuldades. A educação ensina as regras da língua, mas não o diálogo. A educação mundial está em crise, não forma pensadores.

Como evitar a violência nas escolas, a formação de psicopatas, as doenças depressivas e ansiosas, se o ser humano é vítima e não líder das suas emoções? A psiquiatria e a psicologia só vão dar uma contribuição maior à humanidade quando ajudarem a educação a prevenir as doenças. As leis deste livro podem ser um bom começo.

A prevenção passa pelo gerenciamento das emoções e dos pensamentos. Aprender a gerenciar a emoção, ainda que intuitivamente, irriga uma vida feliz. Vejamos algumas consequências da não observância dessa lei.

ANSIEDADE

É um estado psíquico de tensão emocional caracterizado por diversos sintomas: irritabilidade, inquietação, pensamento acelerado, transtorno do sono. Às vezes é acompanhada de sintomas psicossomáticos, como dor de cabeça, gastrite, tontura, nó na garganta, hipertensão arterial.

Há vários tipos de ansiedade: *as fobias, a síndrome do pânico, o transtorno obsessivo-compulsivo (TOC), o transtorno de ansiedade generalizada (TAG), o estresse pós-traumático*. Se um estado ansioso encontrá-lo em alguma curva da vida, não se desespere. Ele pode e deve ser superado.

DEPRESSÃO

Existem vários tipos de depressão. A maioria das pessoas deprimidas vive a dor dos outros, não tem proteção emocional, sofre por pequenos problemas. Elas costumam ser ótimas para os outros, mas péssimas para si mesmas. Ouvi-las sem preconceito as alivia. *Importante:* quando uma pessoa pensa em suicídio, ela quer matar a dor, nunca a vida.

Jamais despreze as pessoas deprimidas. A depressão é o último estágio da dor humana, mas tem tratamento. O desânimo, a perda do prazer de viver, do prazer sexual, o transtorno do sono levam o mais rígido ser humano às lágrimas.

SENSIBILIDADE

Há um tipo frequente de choro que provém da sensibilidade e não da depressão. É o caso do choro de Lula, ex-presidente do Brasil. Talvez não haja outro ex-presidente que se emocione tanto. Seu choro é uma virtude. Ele conheceu a dor da fome, da miséria, do desprezo.

A dor foi um artesão da sua sensibilidade, gerou a capacidade de se comover diante do sofrimento alheio. Somente a hipersensibilidade, e não a sensibilidade, pode desencadear a depressão. Nesse caso, perde-se a proteção e começa-se a viver a dor dos outros.

SINTOMAS PSICOSSOMÁTICOS

Quando os transtornos psíquicos, como a ansiedade, não são resolvidos, eles são distribuídos no cérebro e daí canalizados para algum órgão importante no nosso corpo. No coração, geram a taquicardia; no estômago, a gastrite; nos pulmões, a falta de ar; e assim por diante.

Algumas pessoas são mais propensas a desenvolver esses sintomas do que outras. Há uma ansiedade normal, suave, que alimenta os sonhos. E há outra, destrutiva, intensa, que aborta a vida.

Que tipo de ansiedade você tem cultivado?

CÂNCER E TRANSTORNOS EMOCIONAIS

Segundo a ciência, os distúrbios emocionais podem desencadear uma série de doenças, de enfarte a câncer. Certa vez uma paciente fez uma cirurgia de câncer de mama com grande sucesso. Todavia, depois de quinze anos, o mesmo tipo de câncer eclodiu no mesmo lugar. O motivo? Uma crise depressiva não superada desde a perda do marido.

Ser feliz é o requisito básico para a saúde. Sua emoção pode ser um oásis ou uma bomba para o seu organismo.

A escolha é sua.

CEFALEIA E DORES MUSCULARES

Grande parte das dores musculares e das cefaleias é produzida pelas tensões. As dores físicas fecham as janelas da memória, da inteligência e da concentração. Por isso, provocam acidentes, isolamento social e agressividade.

Não adianta dizer: "De hoje em diante serei alegre e motivado." Não seja herói. Ataque as causas. Mude seu estilo de vida. Tenha a mente de um executivo e o coração alegre de um palhaço. A vida é muito breve.

Felizes os que usam a cabeça para pensar e não para sofrer...

DICAS PARA GERENCIAR A EMOÇÃO

Se você fugir das suas dores emocionais, elas se tornarão um leão agressivo. Se enfrentá-las, elas se transformarão num animal de estimação. Critique, no silêncio da sua mente, cada sofrimento. Não faça da sua emoção uma lata de lixo dos seus problemas. Proteja-se.

Pense antes de reagir às ofensas.

Governe sua emoção para ter esperança, brindar a vida e contemplar o belo. Mas não esqueça que posso até lhe dar os tijolos, mas só você pode edificar.

Posso lhe mostrar o leme, mas só você pode navegar nas águas da emoção...

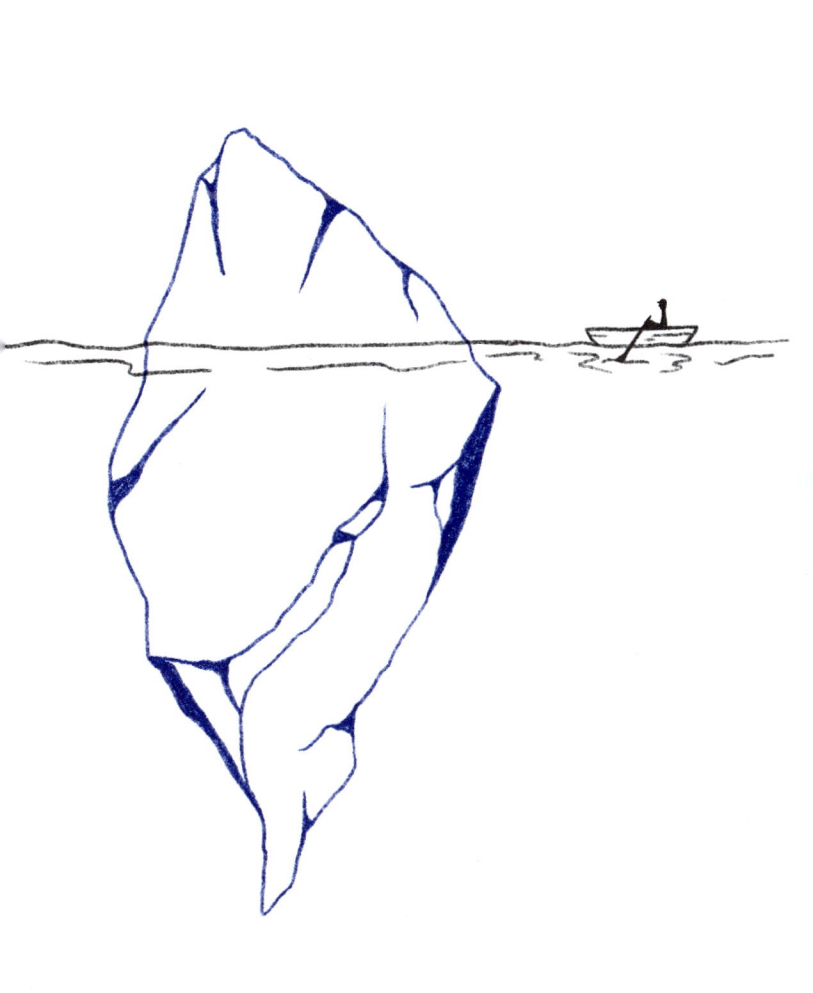

6ª LEI

GERENCIAR OS PENSAMENTOS

Quando somos abandonados pelo mundo, a solidão é superável; quando somos abandonados por nós mesmos, a solidão é quase incurável...

Gerenciar os pensamentos é capacitar o eu para ser autor da nossa história. É governar a construção de pensamentos que debilitam a inteligência e a saúde psíquica. É ser livre para pensar, mas sem se tornar escravo dos pensamentos. É ser líder de si mesmo.

É deixar de ser espectador passivo das ideias negativas. É sair da poltrona, entrar no palco dos pensamentos e dizer: "Eu dirijo o script da minha vida." Você é senhor ou servo dos seus pensamentos? Raramente encontramos pessoas que sabem gerenciar os pensamentos. Essa lei representa os pilares de uma vida feliz.

POR QUE GERENCIAR OS PENSAMENTOS?

A psicologia e a psiquiatria deixaram de investigar a atuação do eu não só como gerente da emoção, mas também como gerente do pensamento. O principal fenômeno da inteligência ficou intocável. Por isso, sabemos tratar das doenças psíquicas, mas não sabemos produzir um homem feliz.

Pelo fato de eu ter desenvolvido uma nova teoria da personalidade à luz da construção das cadeias de pensamentos, nada me preocupa tanto como gerenciar essa construção. O mundo das ideias pode se tornar uma fonte de deleite ou de aflição.

TRANSTORNO OBSESSIVO

Um dos transtornos que mais atormentam o ser humano e que é produzido na infância pela falta de gerenciamento dos pensamentos é a obsessão. Ela é caracterizada por ideias fixas sobre doenças, acidentes, assaltos, higiene. Vejamos um exemplo.

Certa vez um paciente de origem árabe, culto e poliglota, me procurou, aflito. Era um dos melhores pilotos de aviação comercial do seu país. Quando voava no Oriente Médio, dava assistência a pessoas mutiladas. Um dia, começou a ter diarreia, febre. Então, ficou com a ideia fixa de que estava com aids.

Quanto mais ele nutria essa ideia, mais ansioso ficava, mais registrava essa ansiedade nos solos da memória, mais produzia matrizes doentias em seu inconsciente e mais gerava milhares de novas ideias sobre a aids. Assim, fechou o ciclo da obsessão.

Dizia-me que se antes era um Rambo, agora era um homem frágil. Sabia que a aids tem um bom tratamento, mas se atormentava com a ideia de morte e de separação das pessoas que amava. Sofria de aids virtual.

Você sofre por algo virtual?

Alguém dirá: "Esse caso é simples de resolver. Mande-o fazer exames para detectar o vírus HIV." Ledo engano! O eu sabe que as ideias são irreais, mas não consegue gerenciá-las, e a emoção as vive como se fossem reais. O eu se torna um joguete da obsessão, vítima desse transtorno.

O paciente fez o exame e deu negativo. Ficou tranquilo por uma semana. Depois começou a desconfiar que trocaram seu sangue. Assim, fez inúmeros outros exames. E sempre havia uma desculpa para repeti-lo. Era inteligente, mas algemado. Felizmente aprendeu a ser líder.

A falta de gerenciamento dos pensamentos também pode gerar a scc, síndrome compulsiva de comprar, e a sce, síndrome compulsiva de economizar. Os portadores da scc aliviam sua ansiedade comprando. Compram roupas, sapatos, joias, excessivamente. Gastam o que têm e o que não têm. Criam um caos financeiro que devasta sua paz.

Os portadores da sce vivem o lado oposto da moeda. Não gastam nada. O medo do futuro os priva do prazer. São escravos do amanhã. Se for sedento por uma vida feliz, você terá de se equilibrar no delicado tripé: ganhar, poupar e gastar.

O pensamento pode se tornar um grande vilão da qualidade de vida e da felicidade de três formas:

PENSAMENTO NEGATIVO

É impressionante como nossa mente pensa tolices, rumina experiências ruins e remói preocupações. Os pensamentos negativos geram ansiedade e estressam o cérebro. Eles empobrecem ricos, aniquilam cientistas, abatem religiosos, destronam reis. Muitos, ao receberem um "não" ou uma crítica injusta, produzem milhares de pensamentos que os arrasam.

Como você lida com as críticas?

PENSAMENTO ACELERADO

Não só o conteúdo negativo dos pensamentos estressa o ser humano, mas também a velocidade de construção dos pensamentos, mesmo se eles forem positivos. Essa é uma grande descoberta. O excesso de informações e o trabalho intelectual excessivo geram a síndrome SPA (síndrome do pensamento acelerado).

A SPA é caracterizada por ansiedade, insatisfação, aversão à rotina, inquietação, fadiga excessiva, esquecimento. Centenas de milhões de pessoas têm SPA, incluindo os melhores executivos, médicos, advogados. Sua mente é agitada?

SOFRIMENTO POR ANTECIPAÇÃO

O pensamento antecipatório é outro grande carrasco de uma vida feliz. Somos uma espécie que se autoatormenta. Velamos o corpo antes da morte. Sofremos todos os dias por coisas que ainda não aconteceram. Mais de 90% dos monstros que produzimos nunca se tornarão reais, mas somos especialistas em criá-los.

Jovens se martirizam pela prova que vão fazer; mães, por imaginar que suas crianças usarão drogas; executivos, por fantasiar a perda de seu emprego. Não se perturbe pelo amanhã. Já bastam os nossos problemas diários.

Qual o resultado de se pensar tanto?
Uma fadiga descomunal. A escravidão
foi abolida, a carga de trabalho
diminuiu, os direitos humanos foram
adquiridos. Por todas essas conquistas,
somadas ao conforto proporcionado
pela tecnologia, esperávamos que o
homem moderno vivesse um eterno
descanso. Mas eis que inúmeras
pessoas acordam cansadas, reclamam
de fadiga excessiva.

Imagine! Uma pessoa muito
estressada e sofrendo de SPA pode
gastar mais energia do que dez
trabalhadores braçais. Sábio é o que
faz muito, mas sabe poupar energia.

DICAS PARA GERENCIAR OS PENSAMENTOS

1) Vire a mesa da sua mente: critique cada pensamento negativo nos primeiros cinco segundos em que produzi-lo, para evitar o registro doentio;

2) Faça microrrelaxamentos para desacelerar o pensamento no trabalho, no trânsito, etc.;

3) Pratique o silêncio contemplativo, mude sua agenda e desenvolva a inteligência espiritual para enriquecer os pensamentos.

E não se esqueça de que posso lhe dar água, mas não a sede. Posso lhe dar as leis e as ideias, mas não a luz.

Posso lhe dar a caneta e o papel, mas só você pode escrever a sua história...

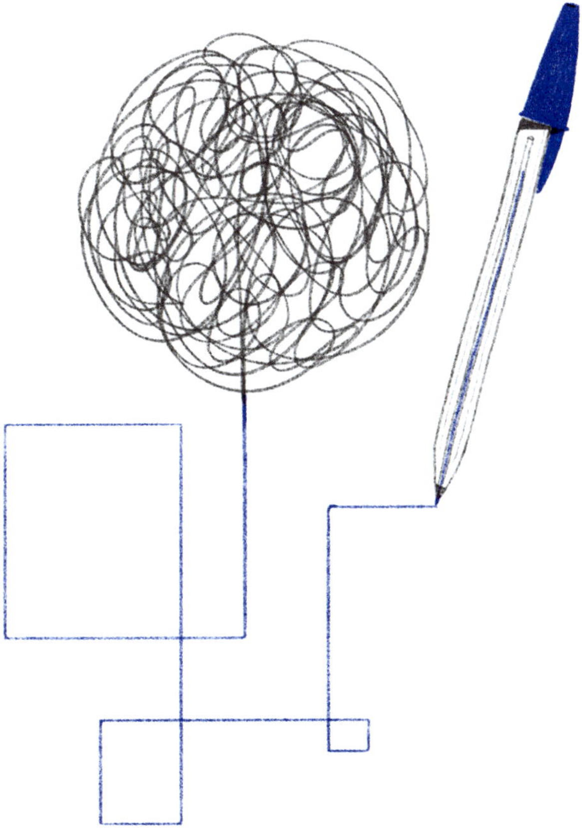

7ª LEI

PROTEGER OS SOLOS DA MEMÓRIA

Todos querem o perfume das flores, mas poucos sujam as mãos para cultivá-las...

Proteger os solos da memória é cuidar da qualidade dos arquivos conscientes e inconscientes que contêm os segredos da nossa personalidade. É se preservar do registro do medo, do desespero, das mágoas, enfim, do lixo de nossa existência. É também reescrever os arquivos doentios já arquivados.

Todos se preocupam com os arquivos dos computadores, mas raramente alguém se preocupa com as mazelas e misérias arquivadas na própria memória. Se não protegemos a memória, corremos o risco de ter uma vida completamente infeliz, mesmo que nossa infância tenha sido saudável.

Por favor, gravem isto. Nos computadores, o registro depende da vontade; na memória humana, o registro dos pensamentos e emoções é involuntário, realizado pelo fenômeno RAM (registro automático da memória). Nos computadores, a tarefa mais fácil é apagar os arquivos; no homem, é impossível, a não ser por traumas cerebrais.

Embora seja difícil, precisamos aprender a proteger a nossa memória. Toda angústia, todo medo, todas as ideias negativas e a agressividade ficam registradas e não podem mais ser deletadas, só reeditadas.

Diariamente, você planta flores ou constrói favelas na sua memória. Como assim?

AS FAVELAS DA MEMÓRIA

Vamos comparar a memória com uma grande cidade, cada bairro com um arquivo e cada endereço com uma informação. Diariamente arquivamos novas informações, que constroem belos bairros ou áridas favelas. Por isso há ricos pobres e pobres ricos.

Muitos moram em bairros nobres, querem ficar distantes das zonas pobres. Mas nos solos de sua memória pode haver inúmeras favelas. Alguns são privilegiados financeiramente, mas miseráveis interiormente. Em suas mansões há jardins. Na sua emoção, tristeza e desolação.

FOBIAS

As fobias são provenientes de uma interpretação distorcida que gera um registro exagerado de um objeto fóbico: insetos, animais, pessoas, ambiente. A claustrofobia é o medo de lugares fechados, tais como um elevador; a acrofobia é o medo de altura; a fobia social é o medo de lugares públicos; a fobia simples é o medo de insetos e animais. Mas o pior tipo de medo é o medo do medo.

O fenômeno RAM fotografa bilhões de experiências durante nossa existência. Todos nós, mesmo os que tiveram uma infância feliz, adquirimos enormes favelas no inconsciente. Quais são as suas favelas?

UMA BARATA MAIS PODEROSA DO QUE UM SEQUESTRADOR

Dependendo do volume de tensão, as experiências existenciais podem ser registradas de maneira tão traumática que controlam a inteligência. Uma barata pode ser registrada como um monstro, um elevador como um cubículo sem ar, uma reunião em grupo como um ambiente agressivo e castrador.

Lembro-me de uma paciente que foi sequestrada e ficou mais de um mês no cativeiro. Sabe qual a primeira coisa que ela perguntou aos sequestradores? Se haveria baratas no ambiente em que ficaria.

O medo de baratas a apavorava mais do que os sequestradores. Por quê? Porque na infância ela registrou a imagem de adultos em pânico diante de baratas. Infelizmente havia muitas baratas no cativeiro. Uma cobra apareceu e quase a picou, mas nada a perturbou tanto quanto as baratas.

Para dormir, ela suplicava calmantes aos sequestradores. O medo encarcerou sua liberdade. Há medos de todos os tipos: medo de perder o emprego, de ser assaltado, de acontecer um ataque terrorista, de andar de carro, de ficar sozinho, de ser rejeitado, de fracassar. Quais são os seus medos?

UM MEDO MUITO ESTRANHO

Recentemente uma jovem universitária me disse que sentia algo incomum: pavor de pássaros. Um trauma na infância a levou a ter medo das inofensivas aves. Ela me contou que podia enfrentar um cachorro bravo, mas não um beija-flor. Como nossa mente é complexa!

Quem controla a nossa mente não é a realidade real de um animal, uma pessoa ou uma situação, mas a realidade emocional registrada na memória. Temos uma fantástica inteligência, deveríamos ser livres, mas facilmente criamos em nosso inconsciente gigantes que nos ameaçam e nos aprisionam.

ESQUECIMENTO

Nossa memória é inúmeras vezes mais sofisticada do que a de um supercomputador. Mas as pessoas estão reclamando de que estão esquecidas, com memória "fraca". Elas esquecem encontros, objetos, novas informações. Desesperadas, procuram médicos, mas nada encontram. Deixe-me dar uma refrescante notícia.

Não existe memória fraca, mas sim bloqueada, devido à proteção cerebral. Como o cérebro tem mais juízo do que nós, ele trava a memória para evitar que pensemos muito e gastemos energia excessiva. Bendito esquecimento.

UMA BOA NOTÍCIA PARA JOVENS E ADULTOS

Quer abrir as janelas da memória e libertar a inteligência? Quer brilhar nas reuniões de trabalho e emitir opiniões lúcidas? Quer ser uma fera intelectual nos concursos e entrevistas?

Primeiro, estude dedicadamente. Segundo, controle a fera da insegurança e do medo que habita na sua emoção! O cérebro interpreta o medo como se a sua vida estivesse em perigo, por isso bloqueia os arquivos e produz os famosos "brancos". Você tem uma inteligência fantástica.

Mas lembre-se de que o medo de falhar acelera a derrota.

DICAS PARA PROTEGER A MEMÓRIA

Viva intensamente as leis para ser feliz: contemple o belo, gerencie a emoção, trabalhe perdas. Mas o que fazer com os traumas já registrados? É necessário reeditar o filme do inconsciente, sobrepondo novas experiências às antigas.

Eis o maior desafio da inteligência!

É necessário "criticar" diariamente as imagens doentias da memória que nos controlam. É necessário também não "pedir a si mesmo para" mas "determinar" ser alegre, ousado, seguro, saudável. Essas ferramentas reurbanizam as favelas do medo, do ódio, da autopunição, e nos libertam.

8ª LEI

TRABALHAR PERDAS E FRUSTRAÇÕES

Ser feliz não é um acaso do destino, mas uma conquista existencial...

Trabalhar as perdas e frustrações é superar as dores da existência e usá-las para amadurecermos e não para nos destruirmos. É repensar nossas dificuldades. Ver por outro ângulo nossas decepções. É poder esculpir a personalidade, mesmo não sendo um grande artesão. É ter coragem para vencer, mas humildade para viver.

É ter consciência de que a vida é uma grande escola, mas pouco ensina para quem não sabe ser um aluno... É ser um eterno aprendiz. Sem trabalhar perdas e frustrações, a vida alterna-se entre momentos felizes e períodos de profundo sofrimento.

A VIDA É BELA, MAS TEM OBSTÁCULOS IMPREVISÍVEIS

Ao longo dos anos atuando como psiquiatra e psicoterapeuta e pesquisando os segredos da mente humana, passei a ter uma convicção: todo ser humano, seja ele rei ou súdito, intelectual ou iletrado, atravessa momentos angustiantes. Somos tão "criativos" que, se não tivermos problemas, nós os "fabricamos".

Basta sentir que precisa de alguém que você sofrerá frustrações. Basta amar e ter amigos que as incompreensões virão. Mas isso não depõe contra a vida: faz dela uma poesia. Para muitos a dor é um problema, para os sábios é a sua escola.

ÚLTIMO LUGAR

DICAS PARA TRABALHAR PERDAS E FRUSTRAÇÕES

Devemos ter consciência de que há perdas e frustrações inevitáveis. Aliás, as maiores decepções são geradas pelas pessoas que mais amamos. Por isso, se você quiser uma família perfeita, amigos que não o frustrem e colegas de trabalho superagradáveis, é melhor você morar na Lua.

Se, por estar frustrado consigo mesmo e com as pessoas, você se isolar socialmente, sua solidão será insuportável. Traga sempre à memória que os fortes são tolerantes; os fracos, rígidos.

Os fortes compreendem; os fracos julgam.

9ª LEI

SER EMPREENDEDOR

Uma pessoa inteligente aprende com os próprios erros, uma pessoa sábia aprende com os erros dos outros...

Ser um empreendedor é executar os sonhos, mesmo que haja riscos. É enfrentar os problemas, mesmo não tendo forças. É caminhar por lugares desconhecidos, mesmo sem bússola. É tomar atitudes que ninguém tomou. É ter a consciência de que quem vence sem obstáculos triunfa sem glória. É não esperar uma herança, mas construir uma história...

Quantos projetos você deixou para trás? Quantas vezes seus temores bloquearam seus sonhos? Ser um empreendedor não é esperar a felicidade acontecer, mas conquistá-la.

DICAS PARA SER UM ADULTO REALIZADO

Explore o desconhecido. Liberte-se do cárcere da insegurança e saia da zona de conforto dos seus diplomas, status e sucessos antigos. Penetre nos labirintos da vida. Traga soluções para os problemas e previna erros no trabalho. Tenha novas atitudes para encantar os filhos, a namorada, o cônjuge, os colegas.

Se quiser ter sucesso emocional, profissional e social, você precisa ser um empreendedor. Como empreendedor, você errará diversas vezes, mas esse é o preço da conquista.

Não há vitórias sem derrotas nem pódio sem labuta.

DICAS PARA SER UM JOVEM BEM-SUCEDIDO

A maioria dos jovens da atualidade não tem sonhos, nem ruins nem bons. Eles não têm uma causa pela qual lutar. Estão despreparados para os desafios sociais e profissionais. Poderão engrossar a massa de pessoas frustradas.

Anime-se! Tenha metas. Faça o que ninguém fez. Sonhe muito, sonhe alto, mas mantenha seus pés na terra. Valorize seus estudos.

Ame a sua escola.

Crie oportunidades. Ao criá-las, não tenha medo de falhar. Se falhar, não tenha medo de chorar. Se chorar, repense a vida, mas não recue.

10ª LEI

INTELIGÊNCIA ESPIRITUAL

Os maiores enigmas do universo se escondem dentro de cada ser humano...

Inteligência espiritual é ter consciência de que *a vida é uma grande pergunta em busca de uma grande resposta*. É procurar o sentido da vida, mesmo sendo um ateu. É procurar por Deus, independentemente de uma religião, mesmo se sentindo confuso no novelo da existência. É agradecer a Deus pelo dia, pela noite, pelo sol, por sermos seres únicos no universo.

É procurar as respostas que a ciência nunca nos deu. É ter esperança na desolação, amparo na tribulação, coragem nas dificuldades. É ser um poeta da vida. Você é um poeta?

UM BURACO NA ALMA

No cerne da alma e no espírito humano há um buraco, um vazio existencial, que suga nossa paz diante das dores da vida e da morte. O fim da existência é o fenômeno mais angustiante para o homem. Todos os povos desenvolveram um tipo de inteligência espiritual para entendê-lo e superá-lo.

Einstein disse: *Quero conhecer os pensamentos de Deus, o resto é detalhe.* Ele ambicionava algo maior do que revolucionar a ciência. O homem mais inteligente do século XX queria perscrutar a mente de Deus. Ele buscava o sentido da sua vida.

Onde anda você?

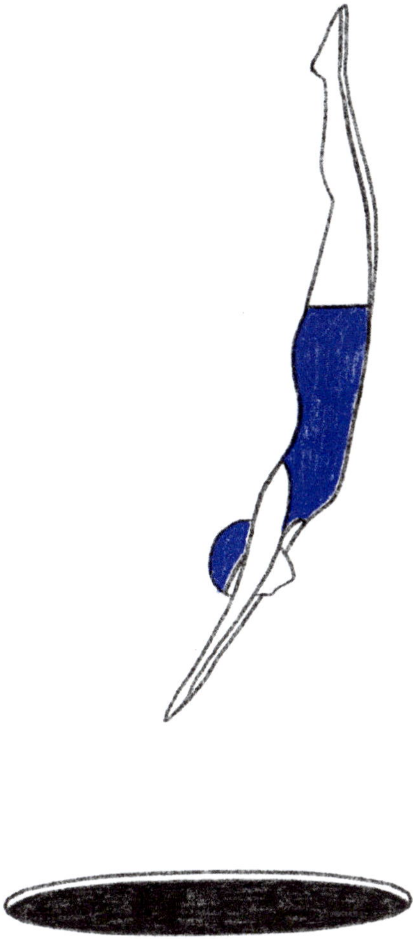

DEUS E A PSIQUIATRIA

No passado, eu pensava que procurar Deus era uma perda de tempo. Hoje penso completamente diferente. Percebo que há um conflito existencial dentro de cada ser humano, seja ele um religioso ou um ateu cético, que a psiquiatria e a psicologia não podem resolver.

A psiquiatria trata dos transtornos psíquicos usando antidepressivos e tranquilizantes, e a psicologia, usando técnicas psicoterapêuticas. Mas elas não resolvem o vazio existencial, não dão respostas aos mistérios da vida. Quando a fé se inicia, a ciência se cala.

A fé transcende a lógica.

QUEM PODE DECIFRAR O QUE É A VIDA?

Temos milhões de livros científicos, mas a ciência não sabe explicar o que é a vida. Vivemos numa bolha de mistérios. As questões básicas da existência humana não foram resolvidas.

Quem somos? Para onde vamos? Como é possível resgatar a identidade da personalidade depois da morte se trilhões de segredos da memória se esfacelam no caos? O fim é o nada ou o fim é o começo? Nenhum pensador encontrou tais respostas. Quem as procurou na ciência morreu com suas dúvidas.

A ciência, através do seu orgulho débil, desprezou a eterna e incansável procura do homem pelo sentido da sua vida. Agora, estamos entendendo que o desenvolvimento da inteligência espiritual, por meio de oração, meditação e busca de respostas existenciais, aquieta o pensamento e apazigua as águas da emoção.

Embora haja radicalismos e intolerância religiosa que depõem contra a inteligência, procurar por Deus, conhecê-lo e amá-lo é um ato inteligentíssimo. O amor do ser humano pelo Autor da vida produz força na fragilidade, consolo nas tempestades, segurança no caos.

Considerações finais

Fizemos um estudo sucinto das *Dez leis para ser feliz*. Creio que a maioria das pessoas tem no máximo três dessas leis trabalhadas na sua personalidade. Mas há uma esperança. Este livro mostra a direção, mas só você pode caminhar. Quem viver essas leis revolucionará a sua qualidade de vida.

Os jovens deveriam conhecê-las desde os primeiros anos de escola, para que a felicidade não seja um delírio em sua história. Todos sonham com a felicidade, mas nunca uma palavra foi tão comentada e tão pouco compreendida.

Você pode ter defeitos, viver ansioso e ficar irritado algumas vezes, mas não se esqueça de que sua vida é a maior empresa do mundo. Só você pode evitar que ela vá à falência. Há muitas pessoas que precisam de você, que o admiram e torcem por você.

Eu reescrevi muitas vezes este livro. Elaborei cada ideia para que as dez leis que estudamos se transformem em dez ferramentas para você garimpar ouro. Ouro? Sim. Garimpar ouro nos solos da sua inteligência, no território da sua emoção, no anfiteatro dos seus pensamentos. Poucos sabem garimpá-lo, por isso poucos veem dias felizes.

Gostaria que você sempre se lembrasse de que ser feliz não é ter um céu sem tempestades, caminhos sem acidentes, trabalhos sem fadigas, relacionamentos sem decepções. Ser feliz é encontrar força no perdão, esperança nas batalhas, segurança no palco do medo, amor nos desencontros.

Ser feliz não é apenas valorizar o sorriso, mas refletir sobre a tristeza. Não é apenas comemorar o sucesso, mas aprender lições nos fracassos. Não é apenas ter júbilo nos aplausos, mas encontrar alegria no anonimato.

Ser feliz é reconhecer que vale a pena viver a vida, apesar de todos os desafios, incompreensões e períodos de crise. Ser feliz não é um acaso do destino, mas uma conquista de quem sabe viajar para dentro do seu próprio ser.

Ser feliz é deixar de ser vítima dos problemas e se tornar autor da própria história. É atravessar desertos fora de si, mas ser capaz de encontrar um oásis no recôndito da sua alma. É agradecer a Deus a cada manhã pelo milagre da vida.

Ser feliz é não ter medo dos próprios sentimentos. É saber falar de si mesmo. É ter coragem para ouvir um "não". É ter segurança para receber uma crítica, mesmo que injusta. É beijar os filhos, curtir os pais e ter momentos poéticos com os amigos, mesmo que eles nos magoem.

Ser feliz é deixar viver a criança livre, alegre e simples que mora dentro de cada um de nós. É ter maturidade para falar "eu errei". É ter ousadia para dizer "me perdoe". É ter sensibilidade para expressar "eu preciso de você".

É ter capacidade de dizer "eu te amo".

Desejo que a vida se torne um canteiro de oportunidades para você ser feliz...

Que nas suas primaveras você seja amante da alegria.

Que nos seus invernos você seja amigo da sabedoria.

E, quando você errar o caminho, recomece tudo de novo.

Pois assim você será cada vez mais apaixonado pela vida.

E descobrirá que...

Ser feliz não é ter uma vida perfeita, mas usar as lágrimas para irrigar a tolerância. Usar as perdas para refinar a paciência. Usar as falhas para esculpir a serenidade. Usar a dor para lapidar o prazer. Usar os obstáculos para abrir as janelas da inteligência.

Jamais desista de si mesmo.

Jamais desista das pessoas que você ama.

Jamais desista de ser feliz, pois a vida é um espetáculo imperdível.

E você é um ser humano especial.

Conheça os títulos de Augusto Cury

Ficção

Coleção O homem mais inteligente da história
O homem mais inteligente da história
O homem mais feliz da história
O maior líder da história
O médico da emoção

O futuro da humanidade
A ditadura da beleza e a revolução das mulheres
Armadilhas da mente

Não ficção

Coleção Análise da inteligência de Cristo
O Mestre dos Mestres
O Mestre da Sensibilidade
O Mestre da Vida
O Mestre do Amor
O Mestre Inesquecível

Nunca desista de seus sonhos
Você é insubstituível
O código da inteligência
Os segredos do Pai-Nosso
A sabedoria nossa de cada dia
Revolucione sua qualidade de vida
Pais brilhantes, professores fascinantes
Dez leis para ser feliz
Seja líder de si mesmo
Gerencie suas emoções

sextante.com.br